Para Nora, la personita que me enseñó,
como ninguna otra,
que la vida es persistente y preciosa.

Carlos Pazos

BIOMITOS

LA DIVERSIDAD DE LA VIDA COMO NUNCA LA HABÍAS VISTO

CARLOS PAZOS

Índice

El mundo que soy

Al principio, no había vida en mi superficie y así fue durante muchos años.

Sin embargo, algo maravilloso ocurrió. Nadie sabe exactamente cómo, pero, en algún momento del pasado, **en el intercambio de sustancias y energía, surgieron las primeras formas de vida.** Eran organismos sencillos que, con el tiempo, dieron lugar a las distintas y fascinantes especies que conocemos hoy.

El camino no fue fácil. **La vida ha estado a punto de desaparecer varias veces** a causa de enormes catástrofes, pero, a pesar de todas las dificultades, la naturaleza siempre ha prevalecido. Ahora una nueva amenaza se cierne sobre las criaturas que habitan en mí. De entre todas ellas, existen algunas cuyos nombres nos recuerdan a mitos y lecciones que nos llegan desde el pasado.

Son los **biomitos, seres reales y de fábula** que nos guiarán en un viaje por la geografía y la historia para aprender sobre lo inesperado, para entender qué está pasando y, lo que es más importante, para averiguar cómo arreglarlo.

Yo soy la voz de la Tierra y será un placer acompañarte en esta gran aventura.

Athene noctua

El mochuelo de Atenea

Comienzas tu andadura en la antigua Grecia. Allí, cerca de unas ruinas, un mochuelo te observa con interés sobre la rama de un olivo. Parece que te está esperando:

—¡Hola! Al fin llegas —te saluda—. Vaya, qué modales tengo, ni siquiera me he presentado. **Soy el animal sagrado de Atenea, la diosa de la sabiduría**. Encantado.

En efecto, nuestro primer biomito es un mochuelo común que los biólogos han llamado *Athene noctua* porque, cuenta la leyenda, esta ave rapaz de hábitos nocturnos era el fiel consejero de la diosa.

Atenea siempre fue justa y en varias ocasiones ayudó a los héroes y los dioses en sus aventuras. Quizá ahora nos ayude a nosotros.

Como si nos leyera el pensamiento, el mochuelo te habla de nuevo:

—Tengo un mensaje para ti. Debes encontrar a aquel que protegerá al mundo. Empieza buscando al pariente más cercano de los seres humanos. Y ahora me voy, que tengo cosas que hacer. ¡Suerte!

Caray, parece que tu amigo emplumado se va volando. Te ha dado una pista y una tarea importante, pero **¿quién es el pariente más cercano de los seres humanos?**

DIOSA
ATENEA

7

Pan troglodytes

El chimpancé pastor

En el reino animal, **los chimpancés y los bonobos son los parientes más cercanos de los humanos**. Resulta que hace millones de años ambas especies tenían antepasados en común. ¡Alucinante!

Puede que por fuera no lo parezca, porque ellos son peludos y viven en los árboles, pero por dentro compartes con ellos un montón de cualidades **y al menos un 99 % del ADN**. Así que, siguiendo la pista que nos ha dado el mochuelo, nos hemos ido hasta las selvas de África y allí encontramos a ***Pan troglodytes***, que es el nombre científico de los chimpancés. Pan es el dios de los pastores y rebaños en la mitología griega, un bribón conocido por perseguir a las ninfas, y lo hemos pillado espiándonos entre unos arbustos:

—Que sepas que no te espiaba, estaba escondido, que no es lo mismo. Uno ya no puede fiarse de los humanos así como así, aunque seamos primos lejanos. —Parece que Pan está de mal humor—. ¡Pero cómo no voy a estar de mal humor! **Cada vez hay más bosques empobrecidos** y eso es culpa vuestra. Así no se puede vivir ni pastorear tranquilo. No sé a qué has venido, pero no pienso ayudarte. Pregunta al árbol que sangra, que es más amable que yo. ¡Adiós, muy buenas, me voy a dormir la siesta!

Será mejor que lo dejemos descansar, debe de haber tenido un mal día, pero **¿de verdad existe un árbol que sangra?**

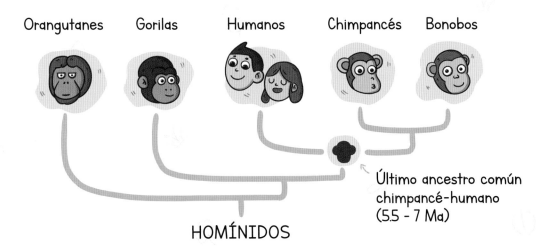

Dracaena draco

Drago, el árbol dragón

Hay algunos árboles y plantas cuya resina se vuelve roja como la sangre cuando se extrae. Esto también le pasa al árbol dragón del género *Dracaena*.

Cuenta un mito griego que el héroe Hércules derrotó en una batalla a un monstruo feísimo con alas de dragón, cuyo nombre era Gerión, y que de su tumba brotó este árbol. Es por esta historia, y por su color, que muchos llaman **sangre de dragón a la sustancia** que brota de su interior. En las islas Canarias hay dragos. Algunos pueden vivir cientos de años y, ahora mismo, tenemos delante a uno que, por su tamaño, debe de ser muy viejo.

—El chimpancé tiene razón. **Desde que tengo memoria, los humanos cortan o queman madera para despejar enormes zonas, cultivar comida o construir ciudades.** Esto que llamáis deforestación obliga a otras especies a mudarse o, peor, a que ya no encuentren un lugar para vivir.

Alteración del ciclo del agua

Destrucción de los ecosistemas

Mayor emisión de CO_2

Pérdida de la biodiversidad

Erosión del suelo

El gran drago parece triste, pero, de repente, te sonríe con amabilidad.

—No te preocupes, la deforestación tiene arreglo, al igual que otros problemas que también afectan a la vida. **Lo importante es no repetir los mismos errores una y otra vez** —te cuenta—. Anda, ¡qué oportuno! Este pequeño insecto que pasea por mis raíces sabe mucho sobre lo que acabo de decir.

El gran drago señala a un escarabajo que empuja con empeño una bola de... ¿Qué es eso? ¡Puaj, es caca!

El incansable Sísifo

Nuestro nuevo y diminuto amigo es un **escarabajo pelotero del género *Sisyphus***, que es el nombre de un rey griego castigado por los dioses debido a su egoísmo. Su castigo consistía en empujar una enorme piedra cuesta arriba por una montaña. Pero siempre, antes de llegar a la cima, sin que él pudiera evitarlo, la piedra volvía a caer ladera abajo.

REDUCIR

El rey repetía esta tarea una y otra vez sin conseguir nunca su propósito. ¡Qué frustrante! Sin embargo, parece que este bichito que tienes delante sabe exactamente lo que hace y adónde va:

—No me confundas con el personaje de los mitos. Yo tomo lo que nadie quiere y hago esta enorme bola de estiércol, que será la comida de mis hijos. A todos nos iría mejor si los humanos aprovecharan sus basuras y desperdicios tan bien como yo.

REUTILIZAR

Es verdad que **los humanos tiran objetos que aún pueden usarse de otra manera**. A lo mejor Sísifo puede explicarte cómo reutilizar mejor los desechos.

—Lo siento, esta bola no va a empujarse sola, pero no te preocupes, sé de alguien que también entiende un poco sobre cuidar el medio ambiente. Tiene buen ojo para esas cosas, come hormigas y es pequeño pero a la vez un gigante.

¿Se puede ser pequeño pero a la vez un gigante?

RECICLAR

Sisyphus

Cyclopes
didactylus

El pequeño y gigante oso hormiguero

En el centro y sur del continente americano vive un animal que come hormigas y otros insectos. Se trata del **oso hormiguero pigmeo, el más pequeño que hay**. Pero entonces, ¿por qué es un gigante?

Alguien con sentido del humor lo bautizó como ***Cyclopes didactylus***, pues es un animal pequeño que sin embargo tiene el nombre de los cíclopes, una raza de gigantes artesanos y constructores con un solo ojo en mitad de la frente. Seguramente, para las hormigas que se come sí que es un grandullón.

En esta arboleda hay un oso hormiguero pigmeo que está tratando de comerse algunas hormigas. Si nos fijamos bien, vemos que extrae cuidadosamente a los insectos del interior sin destruir el hormiguero.

—Esto es lo mejor que puedo hacer cuando como —te dice—. Si tomo solo lo que necesito y no arruino este nido, la próxima vez que venga a alimentarme seguirá habiendo hormigas. En cambio, si soy demasiado avaricioso, se morirían todas y no tendré nada que comer.

Es un equilibrio natural que las personas a veces olvidan: **a la naturaleza hay que darle la oportunidad de recuperarse**. Lo mismo ocurre con la tala de árboles: si se cortan demasiados, desaparecerán para siempre, pero, si se hace con moderación, los bosques vuelven a crecer.

Los bosques son un recurso del que los humanos estáis abusando, pero no es el único. En los océanos la situación no está mucho mejor. **Es hora de conocer al padre de los cíclopes, que resulta que es el dios de los mares.**

No se parece en nada a mí.

15

Posidonia
oceanica

Las praderas de Poseidón

En los fondos arenosos del mar Mediterráneo, se extienden praderas de **una planta marina que no crece en ninguna otra parte del mundo**. Algunos ejemplares son tan extensos y antiguos que se los considera los seres vivos más grandes y longevos que hay en el planeta. Un organismo digno de llamarse *Posidonia oceanica*, por el dios Poseidón.

Poseidón reina sobre todos los océanos, tiene fama de perder la paciencia con aquellos que le molestan, y ahora mismo la expresión de su cara es bastante seria:

—En mis mares hay vertidos contaminantes cada dos por tres y los peces están agobiados con tantas redes de pesca. ¡Hasta parece que la temperatura del agua está aumentando! —se queja Poseidón—. Me han dicho que buscas a un protector para el mundo, pues date prisa, porque esto es un desastre. Te permito que pasees por mis aguas a ver si lo encuentras.

Hay mucho océano que explorar, así que ¿por dónde empezamos?

Glaucus atlanticus

La babosa pescadora

Nadando por aguas templadas, en mar abierto, divisas una fascinante criatura que flota boca abajo. Por su forma de moverse y sus colores, hay quien podría confundirla con un pez, pero la verdad es que **se trata de un tipo de babosa o, para ser más exactos, un nudibranquio**, que posee la habilidad de incorporar a sus aletas el veneno de otras criaturas de las que se alimenta para que le sirva de defensa contra sus depredadores. Se llama *Glaucus atlanticus*, un nombre que recuerda a Glauco, el pescador que **se convirtió en un tritón por comerse unas hierbas que no debía**. Se decía que Glauco ayudaba a los marinos y a los pescadores en peligro durante las tormentas, pues no olvidaba que él también había sido uno de ellos.

—Ten cuidado si sigues explorando estas aguas —te advierte—. Hay plásticos por todas partes y te podrías enredar en ellos, como les ocurre a algunos animales.

Ahora que nos fijamos bien, vemos demasiados residuos flotando. ¿De dónde vienen?

¿Una ayudita con esta cosa?

19

Cassiopea

La medusa del revés

Nos alejamos del mar abierto hasta llegar a aguas costeras. Por el camino hemos visto mucha basura a la deriva, incluso hemos confundido medusas con bolsas de plástico. ¡Casi te pican!

Una de ellas te llama la atención porque tiene sus tentáculos apuntando hacia la superficie, al revés que todas las demás. Hay pequeñas algas y camarones viviendo alegremente entre ellos. Es la **medusa *Cassiopea***.

—Los camarones me quitan los parásitos y yo a cambio les doy protección. Las algas atraen mi comida y, si me coloco así, ellas reciben luz para vivir. ¡Todos contentos y además me doy un banquete! Tenemos una buena relación —nos explica.

Los humanos podríais aprender de este simpático animal y mejorar vuestra relación con otros seres vivos.

De repente, la medusa se da la vuelta y se marcha a toda velocidad. Algo la ha ahuyentado. **Parece que, cuando se desplaza, lo hace como todas las demás medusas.** Esto explica su nombre: **Casiopea fue una reina** que, por su vanidad, enfadó mucho a Poseidón, y este la convirtió en una constelación, que a veces está boca arriba y a veces está boca abajo en el cielo, como nuestra amiga la medusa.

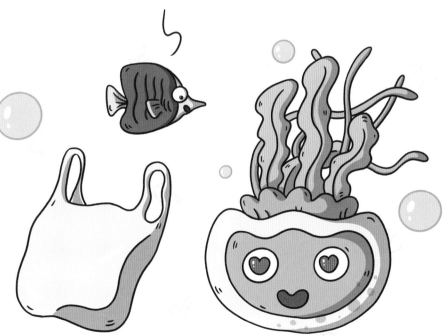

Me parece que te estás confundiendo.

Hydra
vulgaris

La resistente hidra

Te preguntas por qué la medusa se ha ido tan deprisa cuando de repente descubres una corriente de agua turbia.

¿Y si los desechos con los que te has cruzado provienen de ahí?

Al acercarte, compruebas que es el agua de una riada que ha llegado al mar, y que a su vez sale de un lago. Casi de casualidad, allí te das cuenta de que **hay un extraño bichito de múltiples tentáculos** que te invita a acercarte a él:

—¡Hola! Menos mal que me has visto. Tienes que hacerme un favor. Por esta zona hay un ave que no deja de tirar basura a este lago y lo está ensuciando todo. ¿Podrías pedirle que pare? A mí me afecta poco porque soy muy resistente, pero es malo para la salud de los otros animales. Si lo haces, te contaré un secreto.

REPRODUCCIÓN DE LA HIDRA

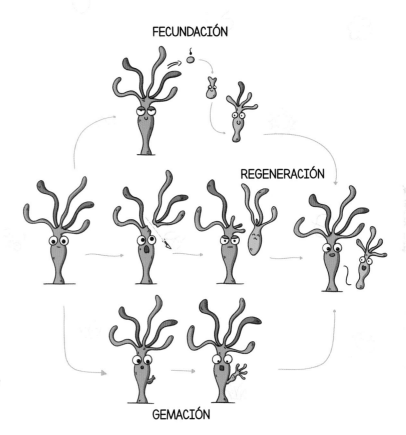

FECUNDACIÓN

REGENERACIÓN

GEMACIÓN

La hidra es uno de los seres más increíbles que existen. Si le cortaras un trocito, de esa parte crecería un nuevo ejemplar completamente sano. Además, se la considera un animal que no envejece. Es por eso por lo que su nombre científico es ***Hydra vulgaris***, ya que, en los mitos griegos, la hidra era un antiguo y peligroso monstruo acuático con cabezas de serpiente y aliento venenoso que podía regenerar dos cabezas por cada una que perdiera. Su guarida era el lago de Lerna, en cuyas aguas había una entrada al inframundo que la hidra custodiaba.

Harpia harpyja

La harpía despistada

Localizas en el cielo el ave del que nos habló la hidra. Es como un águila enorme y lleva entre las garras una bolsa de basura que deja caer al lago. Llamas su atención con un gesto de la mano y la **Harpia harpyja** se acerca hasta ti.

En la mitología griega, **las harpías eran seres con apariencia de mujeres aladas y garras afiladas,** que robaban continuamente la comida de un rey llamado Fineo, para que no pudiera probarla. Lo hacían por orden de Zeus, que había castigado al monarca sin comer por revelar los secretos de los dioses. Por suerte para este rey, unos aventureros conocidos como los argonautas espantaron a las harpías para que lo dejaran tranquilo.

¡Así, sí!

Con el tiempo, las harpías se ganaron mala fama y **empezaron a ser vistas como portadoras de enfermedades y suciedad**, un poco lo que está haciendo esta ave ahora. Pero, claro, es que nadie le ha explicado que lo que hace está mal.

—No era mi intención fastidiar a los demás, no me di cuenta —se lamenta el águila harpía avergonzada—. Yo solo pretendía librarme de la basura de los alrededores y que el agua se la llevara lejos de aquí.

Pobrecita, hay un vertedero cerca de los bosques donde vive. Realmente el escarabajo Sísifo tenía razón: hay que aprender a reutilizar y reciclar mejor.

—Saluda a la hidra de mi parte, tengo que ir a buscar otro lugar para anidar —se disculpa la rapaz.

Las esfinges de la muerte

Una vez que te despides de la harpía, regresas al lago y la pequeña hidra cumple su promesa. Te revela la existencia de una cueva escondida que conduce hasta **el inframundo, el reino de los muertos**.

Con un poco de miedo te internas en la oscuridad. Sigues un curso de agua tranquila que conecta con un misterioso río subterráneo. A medida que caminas por la orilla, te invade una pena difícil de explicar, como si el río te contagiara con sus pensamientos tristes. Pierdes la noción del tiempo y, sin darte cuenta, te quedas inconsciente. Al despertar estás en otro sitio. ¿Qué ha pasado?

Tres insectos alados revolotean a tu alrededor.

—¿Estás bien? Te encontramos vagando por el río de la tristeza. ¿Es que nadie te avisó de lo peligroso que era? Podrías haberte perdido para siempre —te riñe una de ellas.

Nos encontramos ante las famosas esfinges de la muerte, del género *Acherontia*, unas mariposas que tienen a su espalda un dibujo parecido a una calavera humana. *Acherontia* se refiere a Aqueronte, el río del dolor del inframundo.

—No te preocupes, no era tu hora. Yo soy *Acherontia atropos*, y ellas son mis parientes *Acherontia lachesis* y *Acherontia styx*.

Acherontia styx

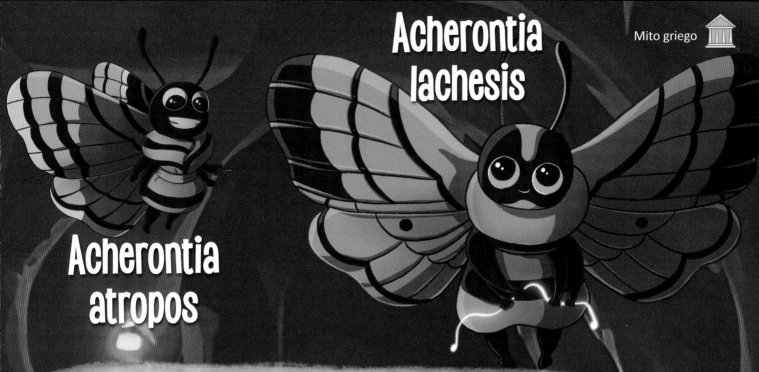

Acherontia lachesis

Acherontia atropos

En la mitología griega, **Atropos y Laquesis eran dos de las tres moiras que decidían sobre el destino de los humanos**. Laquesis medía el hilo de la vida de los mortales para ver cuánto iban a vivir y Atropos lo cortaba cuando fallecían. En cuanto al nombre de **Styx, viene del Estigia, otro de los ríos del inframundo** y una de las fronteras entre este y el reino de los vivos.

Las tres mariposas, provenientes de distintas partes, reflexionan sobre tan afortunado encuentro:

—En menudo viaje te has embarcado —se asombra Atropos—. Cierto es que la naturaleza está en peligro. Últimamente he cortado muchos hilos de la vida.

—Es verdad, el río Estigia está recibiendo demasiadas almas —confirma Laquesis—. No debería de haber tantas, eso es porque **hay especies que se están extinguiendo**.

—Te llevaremos fuera del inframundo —se ofrece Styx—. Este sitio es para los muertos y tú quieres salvar a los vivos. Si sigues por ese túnel y no te desvías, volverás a la superficie y conocerás al siguiente biomito.

El pavo de los cien ojos

Consigues alcanzar el exterior y sorprendentemente te hallas de nuevo en la antigua Grecia. Al salir te recibe un pavo real, con su cola extendida como si fuera un abanico lleno de manchas redondas y coloridas.

Piensa por ti mismo.

DIOSA HERA

Según cuentan, **la gran diosa Hera** tenía a sus órdenes al guardián **Argos, un gigante de cien ojos**. Por desgracia, Argos murió y, para recordarlo, Hera tomó sus ojos y los incorporó a la cola del pavo real dándole el aspecto que tiene hoy en día. La realidad es que **la espectacular cola del pavo se debe a que las hembras prefieren que esta sea lo más grande y vistosa posible**.

El pavo real es, en casi todas las culturas, un símbolo relacionado con la belleza, la gloria y la sabiduría.

—Ah, veo que no eres una amenaza. Disculpa el despliegue de mi cola para intimidarte, me habías asustado —te explica—. Nadie suele volver del inframundo.

Le explicas al pavo tu misión y este te estudia con renovada curiosidad.

—Vaya, es una tarea difícil. **Nuestro mundo es el único hogar que tenemos y los humanos actuáis como si hubiera otro sitio al que ir**. Pero no lo hay. Me cuesta creer que una sola persona pueda protegerlo. Te aconsejo que busques otros puntos de vista y saques tus propias conclusiones.

¿Tendrá razón el pavo real?

Pavo cristatus

Rumbo a otras culturas

Hasta ahora hemos conocido biomitos de distintas partes del mundo cuyos nombres tienen su origen en la antigua Grecia. Ellos te han mostrado que **los ecosistemas no siempre se encuentran en buen estado**: hay plásticos en los mares, bosques que desaparecen y especies que se están extinguiendo. Ahora sabes que **los seres humanos consumen y generan demasiada basura**, materiales que se podrían aprovechar mejor.

También hemos aprendido que, **sin malas intenciones, se puede dañar el medio ambiente**, como le pasaba a la harpía, y que **se puede vivir en equilibrio con otros animales y plantas**, como hacían el oso hormiguero o la medusa *Cassiopea*.

¿Qué lecciones faltan? Es hora de atravesar desiertos, de subir montañas, de ser más aventureros e ir más allá de los biomitos griegos, cruzando hacia **otros reinos y distintas culturas**.

Stentorceps heimdalli

El guardián del puente del arcoíris

El día se ha despejado y un arcoíris cruza el cielo. De repente, una avispa aparece ante ti.

Cuentan las leyendas nórdicas que, **para ir al reino de los dioses, Asgard, hay que cruzar el puente del arcoíris**. Su guardián es el dios Heimdall, que vigila día y noche con sus agudos sentidos para que nadie lo atraviese sin su permiso.

Heimdall posee un cuerno, el Gjallarhorn, que soplará para anunciar el fin del mundo cuando llegue el momento. La avispa *Stentorceps heimdalli* también tiene un gran cuerno, algo que la distingue de otras avispas y la relaciona con este legendario dios.

—No me gustaría tener que tocar mi cuerno todavía —te avisa—, pero me lo estoy pensando.

Cualquiera diría que la avispa está exagerando un poco.

—¡Pues no tanto! **No paráis de quemar combustible para obtener energía**. Lleváis más de cien años así. Poco a poco **habéis aumentado el dióxido de carbono de la atmósfera y otros gases de efecto invernadero** y, claro, todo el mundo sabe que eso cambia el clima. El gran Thor, que conoce bastante el tema de controlar el clima, está de los nervios. Id a verlo y ya veréis que no exagero tanto.

EFECTO INVERNADERO

Scutisorex thori

La musaraña acorazada

Heimdall te envía hasta cierto lugar de África Central y allí te encuentras con una pequeña pero robusta musaraña. Es **Scutisorex thori**, cuya columna vertebral está tan reforzada que en proporción con la de un ser humano sería cuatro veces más fuerte. Thor es el dios de la fuerza, entre muchas otras cosas, y de ahí que esta musaraña lo represente dignamente.

—El clima está cambiando y ya no funciona como antes —te cuenta—. De seguir así, **las sequías serán más frecuentes, las tormentas y lluvias más peligrosas y los inviernos extremos**. Será difícil vivir en algunas zonas del planeta.

Las palabras de la musaraña Thor nos inquietan. ¿No se puede evitar?

—Aunque sé que es difícil, los humanos tenéis que **reducir el consumo de petróleo, carbón y gas**, y obtener la energía que hace funcionar vuestras máquinas de otra manera. Si no, la serpiente de Midgardia saldrá de la profundidad de los océanos y ni siquiera yo podré detenerla.

Pero ¿qué pasa con esa serpiente? ¿Tan mala es?

COMBUSTIBLES CON MAYOR EMISIÓN DE CO_2

Petróleo

¡Con estas NO!

Gas natural

Carbón

Midgardia xandaros

La estrella de mar con nombre de serpiente

En las profundidades del golfo de México vive un animal poco conocido. Se necesita un submarino para ir tan abajo porque no se puede llegar buceando.

A diferencia de lo que esperábamos encontrar, no se trata de una serpiente, sino de una estrella de mar. **Es *Midgardia xandaros*, cuyos brazos son más largos que los de cualquier otra estrella de mar conocida.** Comparte nombre con la serpiente de Midgardia que mencionaba Thor, porque también vive en el océano a una gran profundidad y por sus notables dimensiones.

De esta serpiente se dice que algún día se arrastrará fuera de las aguas y envenenará los cielos. Ese día es conocido como el Ragnarok, o sea, la batalla del fin del mundo.

—Thor es un poco dramático —se ríe Midgardia—. Ya ves que no soy la serpiente que tanto le asusta y, aunque así fuera, tampoco tengo intención de salir a envenenar nada. Ya tenéis bastante con la contaminación del aire. No, gracias, yo me quedo aquí abajo tan tranquila.

Midgardia es un ser de las profundidades del mar y aun así está informada sobre lo que ocurre fuera. Quizá deberías subir y charlar con algún genio que sepa más sobre este asunto.

Ifrita kowaldi

El ave tóxica

Vagando con tu submarino, recorres largas distancias y llegas por casualidad hasta la isla de Nueva Guinea. En una rápida visita por sus bosques húmedos, vemos una graciosa ave que salta de rama en rama buscando insectos que llevarse al pico. Parece inofensiva, pero no te dejes engañar pues estamos ante ***Ifrita kowaldi*, un pajarito con veneno en las plumas**, toda una rareza. Su toxicidad no es del todo suya, ya que proviene de los escarabajos venenosos que se come.

Principales efectos en la salud
de la contaminación atmosférica

Enfermedades cardíacas y pulmonares   Otras dolencias

Su nombre, *Ifrita*, viene de *ifrit*, que para los árabes son **poderosos genios capaces de realizar tanto acciones buenas como malignas**, según les parezca. Es muy complicado tratar con ellos pues, dicen, no les caen muy bien los humanos.

—Seré venenosa, pero la contaminación no tiene nada que ver conmigo. Para que lo sepas, es más espesa en ciudades y zonas industriales y afecta tanto a la salud que los demonios tienen que estar complacidos.

¿Demonios? ¿Qué demonios?

Las muchas formas del diablo

Cuentan en las historias que hay varios tipos de demonios y que **el propio diablo posee muchos nombres y adopta numerosas formas**. En los bosques tropicales de Vietnam vive *Murina beelzebub*, un pequeño murciélago con una nariz con forma de tubo que le da su aspecto de demonio. Aunque sea Belcebú uno de los nombres de Satanás, el ángel caído que se rebeló contra Dios, lo cierto es que este diminuto mamífero volador es tímido y apenas se deja ver.

Como no quiso acercarse, tuvimos que irnos a otro lugar completamente distinto para rastrear a *Pudu mephistopheles*, un ciervo enano que habita el altiplano próximo a la cordillera de los Andes. Sin importar si se trata o no de Mefistófeles, otro de los nombres de Satanás, descubres que este venadito es muy discreto y que se esconde para evitar a sus depredadores.

Pudu mephistopheles

Murina
beelzebub

Telipogon
diabolicus

Así que, en un tercer intento, y ya cansado de tanta travesía, descansas en un terreno al sur de Colombia y allí encuentras una flor con forma de diablo.

Y menuda suerte, porque las flores no pueden huir ni esconderse.

—Por fin has dado conmigo. ¡Qué insistente!

Es *Telipogon diabolicus*, una especie de orquídea cuyo centro, de color rojo vino, se parece a la cabeza de un diablo y de la que se conocen muy pocos ejemplares. Le preguntamos sobre la contaminación y las emisiones de CO_2, y la flor nos devuelve una sonrisa traviesa:

—Son el mayor peligro que enfrenta la vida. Tras décadas generando tantos residuos, ya casi es demasiado tarde y pronto no habrá remedio.

A la orquídea diablo se le ha escapado un detalle. Ha dicho que «casi es demasiado tarde», pero eso significa que **todavía hay tiempo**. Debes seguir buscando, alguien debe ayudar a deshacer este mal.

41

Ninurta coeruleopunctatus

El lagarto de los buenos consejos

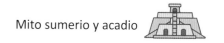

Hay una deidad muy antigua famosa en Mesopotamia que ahuyentaba a los demonios y curaba enfermedades. Es **Ninurta, un dios de la lluvia y los vientos del sur**, que traía abundancia a su pueblo siempre que no estuviera enfadado.

Mientras sigues buscando al protector del mundo por el sur del continente africano, el lagarto ninurta de manchas azules se te acerca al verte preocupado.

—No permitas que la orquídea diablo te desanime. Aún hay esperanza —te tranquiliza—. Como decía Thor, la clave está en dejar de quemar combustibles fósiles y empezar a **obtener la energía del sol, de los vientos y de otras fuentes de energía más limpias**.

Ninurta parece muy sabio, así que lo escuchamos un poco más.

—Incluso si no depende de ti resolver los grandes problemas, puedes colaborar con pequeñas acciones. **Cualquier gesto que sirva para ahorrar**, aunque sea un poquito, sería de mucha ayuda. Por ejemplo, cerrar el grifo para no desperdiciar agua o apagar las luces cuando no estás en una habitación. **Si consumes menos energía, estaremos contaminando menos**.

Son consejos bastante buenos, imagina que todos hicierais lo mismo. Pero ¿es suficiente?

FUENTES DE ENERGÍA LIMPIA Y RENOVABLE

Eólica

Solar

Hidroeléctrica

¡Con estas SÍ!

Mareomotriz

Geotérmica

Papio
anubis

El babuino emperador

Más al norte, en las sabanas de África Central, un solitario babuino medita tranquilo encima de una roca. **Es raro encontrar un solo individuo**, ya que suelen ir en grupo. Este, en particular, tiene la apariencia de un emperador egipcio. No cabe duda de que tenemos ante nosotros a *Papio anubis*.

—Parece que vagas sin rumbo —afirma mientras abre un ojo para observarte bien.

El dios egipcio Anubis es uno de los dioses de la otra vida y el guía de las almas perdidas. Uno de sus cometidos es pesar el corazón de las personas en una balanza para saber si son dignas de entrar en el reino de los muertos.

—He visto muchos corazones y déjame decir que el tuyo es de una excelente calidad. No te sientas mal por lo que le ocurre a la Tierra, no es culpa tuya. **Tan solo piensa cómo puedes contribuir, tú decides cuánto.**

Anubis bosteza y te despide con una sonrisa. Te has quitado un peso de encima.

Rhabdophis
chiwen

La culebra que come de todo

Continúas tu camino hasta el sudeste asiático. Se ha hecho tarde y ha caído la noche. Algunas luciérnagas brillan iluminando el puente de madera que estás cruzando y una culebrilla que repta sigilosa las acecha con ganas de cazarlas. Es **_Rhabdophis chiwen_**, bautizada así por Chiwen, un dragón chino hijo del legendario rey Dragón.

Cuentan que Chiwen protege las estructuras y edificios contra incendios y otros males. Algunos lo llaman **«el dragón al que le gusta tragar cosas», incluso el fuego**.

—Me vas a espantar la comida. ¿Es que uno ya no puede cenar tranquilo? —se queja la serpiente—. A ver, ¿qué quieres?

Como es un espíritu defensor, le preguntas cómo proteger el medio ambiente.

—Hum, déjame ver. Puedes hacer montones de cosas: separar la basura en distintos contenedores para reciclar en vez de tirarla toda junta, o, cuando seas mayor, **usar medios de transporte que contaminen menos**, como ir en tren en vez de volar en avión, si es posible, ¡claro!

Es parecido a lo que nos dijo Ninurta: cada gesto suma. No obstante, sigues sin saber quién es el protector que te encomendó buscar el mochuelo y ya has recorrido medio mundo, por aire, por tierra y por mar.

47

Pez Kali

El pez de aguas profundas

No desistes en tu empeño y vuelves a sumergirte en el océano. Desciendes incluso más abajo que la última vez que visitaste a la estrella de mar. Está todo oscuro debido a que la **luz del sol es incapaz de alcanzar estas profundidades**. Has avistado seres adaptados a la gran presión del agua sobre tu cabeza y uno de ellos te asusta.

Tiene dientes curvados y una boca muy grande comparada con su cuerpo de pez. Esta le sirve para tragar enormes presas que almacena gracias a su estómago flexible. Es normal, **la comida a estas profundidades escasea y hay que aprovechar cuando se presenta la oportunidad**. Es un pez del género *Kali*, que es el nombre de la gran diosa hindú.

Kali, al principio, era una diosa destructiva y daba mucho miedo, igual que este pez. Pero las apariencias engañan, porque también **es como la madre naturaleza, que da y quita, que puede ser generosa o cruel** y que, al final, si lo mereces, es buena y amorosa.

—Eres valiente. No has huido ante mi presencia —te felicita—. Y has demostrado gran determinación llegando hasta aquí. Eso significa que tienes la capacidad de afrontar cualquier reto que te propongas. **No necesitas encontrar un protector, tú mismo puedes serlo.**

¿De verdad? ¿Hemos estado todo este tiempo buscando a alguien y esa persona eras tú?

DIOSA KALI

El cangrejo yeti

Continúas tu inmersión por aguas oscuras y llegas al lecho marino, a mucha profundidad. Estás en algún lugar del Pacífico, cerca de la isla de Pascua. Pero incluso aquí, en un ambiente tan alejado de la superficie, observas con desagrado que **también han llegado los plásticos.** Flotan en suspensión en fragmentos pequeños y **algunas criaturas los confunden con comida, lo que puede intoxicarlas.**

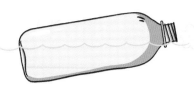

Cerca hay una fuente hidrotermal y, en su base, un cangrejo blanco y peludo se dedica a limpiar la zona de estos trocitos. Se mueve de aquí para allá con bastante facilidad teniendo en cuenta que **no dispone de ojos. No los necesita en un lugar tan oscuro.** Para ayudar al cangrejo, desde tu submarino tratas de avisar al resto de las criaturas para que no se coman toda esa porquería.

—¡Muchas gracias! Es así como se arreglan los problemas complicados: colaborando entre todos —te agradece—. Creo que no nos conocemos, soy **el gran *Kiwa hirsuta*,** un humilde cangrejo yeti.

Kiwa es, para muchas tribus nativas polinesias, una divinidad protectora del océano. Por su color y aspecto peludo, no te extraña que lo llamen yeti, el mítico ser peludo de las nieves.

—Aquí ya hemos terminado, puedes volver arriba si quieres, seguro que encuentras otro biomito que agradecerá tu ayuda.

¡Esto no puede ser bueno!

Kiwa hirsuta

Mammillaria huitzilopochtli

El cactus acalorado

Con la satisfacción de haber echado una mano a Kiwa, emerges a la superficie en las costas de México. Una vez en tierra firme, te internas en un enorme bosque tropical que se extiende hasta donde alcanza la vista. Hace mucho calor y parece que no ha llovido en semanas porque la vegetación está seca, tanto que hasta oyes a un cactus quejarse por la falta de humedad.

—Un poco de agua no me vendría mal. Soy un dios y ni atraer la lluvia puedo, qué vergüenza —se lamenta a solas.

Escuchas el sonido de un arroyo no muy lejos y se te ocurre utilizar una gran hoja caída en el suelo para transportar agua y con ella regar el cactus y otras plantas de la zona.

—¡Qué amable! Soy *Mammillaria huitzilopochtli* y tienes mi eterna gratitud.

Huitzilopochtli es un **dios del sol y de la guerra de los mexicas**, que fueron un pueblo mesoamericano muy importante en esta zona. No hay que confundir a los mexicas con los aztecas, aunque están relacionados. Huitzilopochtli significa «colibrí zurdo», un ave que es símbolo de este dios por su ímpetu al defender a sus hembras, unas cualidades muy guerreras. Al cactus le crecen areolas y espinas que recuerdan a un colibrí en vuelo y de ahí su nombre. Nuestro nuevo amigo el cactus te vuelve a elogiar.

—Este es otro de los grandes problemas del cambio climático, las sequías son más comunes y el agua escasea, mientras que en otros lugares se derrocha. Has llevado este líquido vital donde hacía falta y no has desaprovechado ni una gota. Yo diría que eres perfectamente capaz de cuidar de nosotros.

Agave
muxii

El agave cascarrabias

Otra planta situada cerca se entromete en tu conversación con el cactus. Es un *Agave muxii* y parece desconfiado.

—No sé si nos podemos fiar. La madre naturaleza les ha dado oportunidades de sobra a los humanos y, al final, **siempre toman más de lo que deben**. Lo he visto muchas veces.

Este agave tiene una estructura de flores moradas muy densa, algo bastante inusual. Desde hace miles de años, **las personas de esta región utilizan esta planta**, y otras similares, tanto por sus fibras **para fabricar tejidos como por el aguamiel** que obtienen de ella.

¡Me tenéis exprimida!

Muxii es una deidad de la cultura huasteca, descendiente de los mayas, otro pueblo de esta parte del mundo. Se dice de él que es un dios de la lluvia que vive en el mar, pero también que es responsable de mantener el equilibrio de la vida silvestre. Además, es considerado el abuelo del espíritu del maíz.

—Disculpa a este viejo cascarrabias. Sé que **te necesitamos**, no solo por tu buena voluntad, sino por lo que otros pueden aprender de ti. **Es la única manera de arreglar el mundo**.

Sericomyrmex
saramarma

La hormiga cultivadora

Muxii te ha dado algo en que pensar. **Nunca eres demasiado joven para dar buen ejemplo**. Con esto en mente y rumbo al sur, atraviesas un área natural protegida. El paisaje rebosa belleza y no hay señales de actividad humana.

Una simpática hormiga pasea a tu lado de camino a su colonia con una hoja a sus espaldas. Es ***Sericomyrmex saramama*, una de las especies de hormigas que practica la agricultura de hongos** en su ciclo vital, de forma parecida a como los agricultores cultivan alimentos para la sociedad.

—Te lo digo por experiencia —te comenta distraídamente mientras la acompañas un rato—. Para el medio ambiente es mejor plantar de forma variada en un mismo lugar. **Cuando se cultiva una sola cosa, el terreno se empobrece y pocas especies viven en él**.

Saramama sabe de lo que habla porque es la diosa madre del maíz de los incas, que procura la armonía y equidad de la vida.

—A mí me gusta imaginar un día en que todos vivamos en equilibrio, **en que el cambio climático y la extinción de las especies se detendrá**. Sería bonito, ¿verdad?

El sueño de Saramama es hermoso y, lo que es mejor..., es posible.

Hoplias curupira

El protector de la selva

Te despides de la hormiguita en una bifurcación que te lleva, muchos kilómetros después, hasta un río de curso tranquilo. La vegetación es densa y la fauna variada. Has llegado a la selva del Amazonas.

De repente, descubres **un pez de tonalidades oscuras** que se encuentra atrapado en una red abandonada en la ribera del río. Está intentando mordisquear la red, pero no puede desengancharse:

—¡Ayuda, por favor, no me dejes aquí!

Es *Hoplias curupira*, un pez con una poderosa mandíbula para atrapar a sus presas. **Hoplias significa «arma», en referencia a sus dientes, y el curupira es una criatura sobrenatural del folclore brasileño** que protege la selva. Suele adoptar la forma de un niño pelirrojo y su característica más sorprendente es que tiene los pies al revés para confundir a los cazadores que intentan seguir sus huellas.

Ayudas al curupira y lo liberas. Entonces te dice algo inesperado:

—¿Sabes? Nadie espera que arregles todos los problemas. ¡Sería imposible! Pero contamos contigo para que eches una mano, como has hecho aquí.

Curupira desaparece y queda claro que **los biomitos te embarcaron en este viaje para probar tu valía**. Llegados a este punto, es hora de visitar un último destino.

Esta es mi forma más común.

Ouroborus cataphractus

La profecía del uróboros

Has recorrido miles de kilómetros por toda mi geografía, pero aún nos queda un biomito al que saludar. Es quizá el más importante de todos si quieres concluir tu camino.

Te desplazas lejos del Amazonas, hasta los hábitats desérticos de Sudáfrica. Allí, detrás de un matorral, conoces a ***Ouroborus cataphractus***, un lagarto bastante peculiar. No pone huevos, como los otros reptiles, sino que **gesta a sus crías en el vientre**. Está cubierto de gruesas escamas y, cuando siente peligro, se enrolla sobre sí mismo hasta morderse la cola, formando un anillo defensivo con su cuerpo, como si fuera un armadillo.

En numerosas culturas a lo largo de miles de años, **el uróboros simboliza el ciclo sin principio ni fin**, que vuelve a comenzar una y otra vez. El lagarto armadillo nos habla de forma solemne:

—Ya lo has visto, todo apunta a que estamos al borde de una gran extinción.

Es algo que ha ocurrido antes, **como aquella vez en que me golpeó el meteorito que acabó con la era de los dinosaurios**, o en otra ocasión en que grandes erupciones de volcanes oscurecieron el cielo durante siglos, bloqueando el calor del sol y congelándome. **Ahora está ocurriendo de nuevo y la principal causa es la humanidad.**

Tarde o temprano este periodo de destrucción terminará y la vida se recuperará poco a poco. La pregunta es: ¿sobrevivirá la civilización humana al cambio de ciclo?

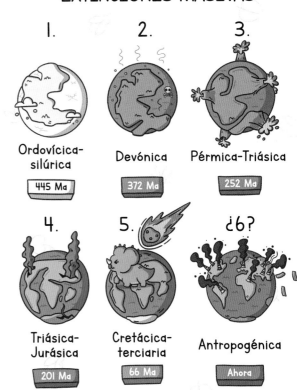

LAS GRANDES
EXTINCIONES MASIVAS

1. Ordovícica-silúrica — 445 Ma

2. Devónica — 372 Ma

3. Pérmica-Triásica — 252 Ma

4. Triásica-Jurásica — 201 Ma

5. Cretácica-terciaria — 66 Ma

¿6? Antropogénica — Ahora

El mundo que quiero ser

Buscabas a alguien que protegiera la vida y **siempre se trató de ti**.

Has conocido a criaturas extrañas y a dioses increíbles. Además, has sido testigo de muchas situaciones que deben mejorar. Ahora comprendes más claramente que **mi clima se complica por el uso de combustibles y que debemos dejar de usarlos**. Y también que la contaminación empeora los ecosistemas y la salud de la humanidad. **Son grandes problemas que no tienen fácil solución**.

La situación es tan urgente que estamos a las puertas de un desastre, pero aún hay tiempo para actuar.

Por supuesto, nada de esto es culpa tuya, pero igualmente debemos hacer algo para arreglarlo. Ya sea con grandes gestos o con pequeñas decisiones diarias, si la humanidad consigue actuar un poco mejor cada vez, estará más cerca de **vivir en equilibrio con el medio ambiente**. Los biomitos cuentan contigo, no porque esperen que les salves la vida, sino porque saben que, con tu ayuda, la vida continuará.

Quién sabe, quizá algún día te conviertas en alguien importante y tu capacidad de corregir este desbarajuste sea muy grande. O puede que, con tu comportamiento ejemplar, inspires a otras personas a actuar mejor.

Lo único que importa al final es que seáis una civilización cuya energía provenga de fuentes renovables y sostenibles. Que viváis una mejor versión de mí, en un planeta cuyas selvas, bosques y océanos estén protegidos, una sociedad que viva en verdadera armonía y se sienta orgullosa de su sensibilidad hacia otras criaturas y hacia sí misma.

Ese es el mundo que quiero ser y **espero que ese sea el mundo en el que quieres vivir**. ¡Cuento contigo!

Papel certificado por el Forest Stewardship Council®

Primera edición: marzo de 2023

Printed in Spain – Impreso en España

ISBN: 978-84-488-6386-9
Depósito legal: B-847-2023

Diseño y maquetación: LimboStudio
Impreso en Macrolibros, S. L.
Valladolid

BE 6 3 8 6 9

Otros títulos de CARLOS PAZOS

ASTRONÁUTICA
CARLOS PAZOS
FUTUROS GENIOS
LA CIENCIA EXPLICADA A LOS MÁS PEQUEÑOS

GENÉTICA
CARLOS PAZOS
FUTUROS GENIOS
LA CIENCIA EXPLICADA A LOS MÁS PEQUEÑOS

FÍSICA CUÁNTICA
CARLOS PAZOS
FUTUROS GENIOS
LA CIENCIA EXPLICADA A LOS MÁS PEQUEÑOS

EVOLUCIÓN
CARLOS PAZOS
FUTUROS GENIOS
RAWR
LA CIENCIA EXPLICADA A LOS MÁS PEQUEÑOS

ROBÓTICA
E INTELIGENCIA ARTIFICIAL
CARLOS PAZOS
FUTUROS GENIOS
LA CIENCIA EXPLICADA A LOS MÁS PEQUEÑOS

VIRUS Y VACUNAS
CARLOS PAZOS
FUTUROS GENIOS
LA CIENCIA EXPLICADA A LOS MÁS PEQUEÑOS

DINOSAURIOS Y PALEONTOLOGÍA
CARLOS PAZOS
FUTUROS GENIOS
LA CIENCIA EXPLICADA A LOS MÁS PEQUEÑOS

101 PREGUNTAS Y RESPUESTAS
CARLOS PAZOS
FUTUROS GENIOS
EL ESPACIO

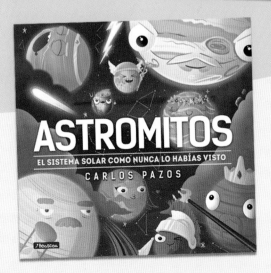

ASTROMITOS
EL SISTEMA SOLAR COMO NUNCA LO HABÍAS VISTO
CARLOS PAZOS
Beascoa